Harald Parigger
wurde 1953 in Flensburg geboren und studierte in Würzburg Geschichte und Deutsch. Heute ist er Direktor eines Gymnasiums bei München.
Neben wissenschaftlichen Aufsätzen schreibt er vor allem Geschichten für Kinder sowie historische Erzählungen und Krimis für junge und erwachsene Leser.

Manfred Tophoven
wurde 1967 in Geldern geboren. Er studierte Visuelle Kommunikation mit der Studienrichtung Grafik Design in Aachen. Seit 1999 illustriert er für verschiedene Kinderbuchverlage. Er lebt mit seiner Frau, zwei Söhnen und einem roten Kater in einer alten Ölmühle in Straelen am Niederrhein.

Harald Parigger · Manfred Tophoven

Meine allerschönsten
Schmunzelgeschichten

Die Deutsche Bibliothek – CIP-Einheitsaufnahme

Ein Titeldatensatz für diese Publikation ist bei
Der Deutschen Bibliothek erhältlich

Dieses Buch wurde auf umweltfreundlich
hergestelltes Papier gedruckt.

**Der Schneider Verlag im Internet:
http://www.schneiderbuch.de**

© 2002 by Egmont Franz Schneider Verlag GmbH, München
Alle Rechte vorbehalten
Titelbild, Vorsatz und Illustrationen: Manfred Tophoven
Herstellung/Satz: Gabi Lamprecht, 12 · Stoneserif
Druck/Bindung: Westermann Druck Zwickau GmbH, Zwickau
ISBN 3-505-11773-0

Inhalt

Nein, so eine Ähnlichkeit!	9
Ein Meter ist schon ganz schön hoch	13
Die Gummibärchenparty	17
Mädchen sind gar nicht so übel	24
Zahnarzt überflüssig	30
Benny Banana	33
Rache ist süß!	40
Die Blume „Rühr mich nicht an!"	44
Kauboy	49
Das netteste Tier der Welt	54
Das hungrige Gespenst	59
Die sind schon komisch, die Jungs	64
Der Owe-Nikohase	70

Nein, so eine Ähnlichkeit!

Zum Geburtstag ihrer Mutter hatte sich Tanja etwas Besonderes ausgedacht: Sie wollte ein extraschönes Bild malen. Schon eine ganze Woche vorher fing sie an. Sie legte ein großes weißes Blatt Papier vor sich hin und zeichnete das Bild mit Bleistift vor. Das dauerte sehr lange, und sie verbrauchte ihren halben Radiergummi dabei. Als sie damit fertig war, war das Blatt ziemlich zerknittert vom vielen Radieren. Aber das machte nichts. Wenn es erst einmal bunt angemalt war, würde man die vielen Knitter gar nicht mehr sehen.
Natürlich wollte die ganze Familie wissen, was Tanja denn da malte. Besonders die Mutter war schrecklich neugierig. Aber jedes Mal, wenn jemand in ihr Zimmer kam und gucken wollte, legte Tanja beide Hände über das Bild und sagte: „Großes Geheimnis! Niemand darf es sehen, bevor Mama Geburtstag hat."
Das Anmalen war auch nicht so einfach. Mal war der Pinsel zu nass, dann verlief die Farbe und machte dicke Kleckse. Mal war er zu trocken, dann kam fast überhaupt keine Farbe auf das Papier. Einmal kippte ihr sogar der Wasserbecher um, genau auf das Blatt. Da musste sie noch einmal ganz von vorn anfangen.
Tanja malte und malte und schimpfte und kaute auf dem Pin-

selstiel herum, bis sie ihn ganz kaputtgebissen hatte. Dann war das Bild endlich fertig – gerade noch rechtzeitig!

Tanja wartete, bis die Farben ganz trocken waren, dann rollte sie es zusammen und band eine rote Schleife darum. Sie war sehr stolz, denn sie fand, dass das Bild wirklich besonders schön geworden war.

Die ganze Familie saß schon im Wohnzimmer beim Geburtstagskaffee, als Tanja hereinkam.

„Herzlichen Glückwunsch", sagte sie und überreichte der Mutter das Bild.

„Danke schön", sagte die Mutter und machte vorsichtig die Schleife auf. „Was hast du denn gemalt?"

„Das sage ich nicht", antwortete Tanja. „Ihr müsst raten!"

„Na, da bin ich aber gespannt", sagte die Mutter. Sie rollte das Bild ganz auf und legte es auf den Tisch.

„Oh, das ist aber wirklich toll!", rief sie. „Und so wunderbar bunt!"

„Fantastisch!", lobte Tanjas Vater.

„Super!", schrien Stefan und Philipp, ihre Brüder.

„Das hast du ganz toll gemacht!", wiederholte die Mutter und legte Tanja ein dickes Stück Geburtstagstorte auf den Teller.

Tanja wurde rot vor Stolz. „Jetzt müsst ihr noch sagen, wer das ist!"

Alle kratzten sich verlegen am Kopf.

„Ich weiß es", rief der Vater schließlich. „Es ist dein Teddybär, stimmt's? Wegen der großen, runden Ohren und der vielen Haare!"

„Ganz falsch!", sagte Tanja ungeduldig.
„Kann ja auch gar nicht sein", meinte Stefan. „Kein Teddybär hat so eine lange Nase. Und auch nicht solch riesige Zähne! Ich würde sagen, es ist …"
„Na?", fragte Tanja.
„Es ist ein Monster!"

„Quatsch", sagte Tanja ärgerlich. „Ich male keine Monster. Außerdem sehen die ganz anders aus!"
„Dann ist es Oma!", meinte Philipp. „Die hat auch so viele Falten."
„Das sind keine richtigen Falten", schrie Tanja. „Das ist bloß, weil ich so viel radieren musste, du Blödmann!"
Jetzt war sie richtig beleidigt.

Plötzlich sagte die Mutter: „Ihr habt alle keine Ahnung. Ich weiß genau, wer das ist. Ich bin es, stimmt's?"
Tanja nickte. „Stimmt!"
„Na klar!", rief der Vater. „Warum hab ich das nicht gleich gemerkt! Die Haare, die Nase, alles ganz genau wie bei Mama!"
„Genau", sagte Stefan. „Und die Augen sind auch so grün wie Mamas. Jedenfalls beinahe."
„Und runde Ohren hat sie auch", fügte Philipp hinzu.
„Tatsächlich", sagte Mama. „Das Bild ist mir wie aus dem Gesicht geschnitten. Nein, so eine Ähnlichkeit!"
Jetzt strahlte Tanja wieder. Sie hatte ja gleich gewusst, dass ihr das Bild ganz wunderbar gelungen war!

Ein Meter ist schon ganz schön hoch

Im letzten Herbst lernte Sabrina schwimmen, zusammen mit ihrem Freund Florian. Jeden Tag gingen die beiden ins Hallenbad und übten erst einmal im kleinen Becken.
Nach einiger Zeit konnten sie sich schon so gut über Wasser halten, dass sie ins große Becken durften. Am Anfang war das ein komisches Gefühl, weil es dort so tief war. Aber sie blieben ganz nah am Rand, da konnten sie sich gleich festhalten, wenn ihnen die Puste ausging.
Es dauerte gar nicht lange, und sie schwammen wie die Fische. Da sagte der Schwimmlehrer eines Tages zu ihnen:
„Heute dürft ihr zum ersten Mal springen. Vom Einmeterbrett. Auf geht's! Wer fängt an?"
„Florian!", rief Sabrina.
„Sabrina!", rief Florian.
Aber keiner rührte sich.
„Was ist jetzt?", rief der Schwimmlehrer. „Wer springt zuerst?"
„Mädchen haben den Vortritt", sagte Florian.
„Nein, Jungen", antwortete Sabrina. „Jungen springen immer zuerst. Das heißt, wenn sie keine Angst haben."
„Phh, Angst!", sagte Florian. „Vor dem kleinen Hüpfer?"

„Na, dann los!", befahl der Schwimmlehrer ungeduldig.
„Also gut, ich spring zuerst", sagte Florian. „Damit du mal siehst, wie babyleicht das ist."
Er stieg auf das Brett und ging bis ganz nach vorne. Das Brett wippte. Florian schaute hinunter.
Dann machte er kehrt. „Klarer Fall, dass ich zuerst springe", sagte er. „Wär doch gelacht. Aber vorher muss ich noch mal aufs Klo." Schon war er verschwunden.

Der Schwimmlehrer lachte. „Der traut sich nicht! Komm, zeig ihm, dass du Mut hast! Bis er zurückkommt, hast du es schon hinter dir!"
Sabrina kletterte langsam auf das Brett. Der raue Teppich, mit dem es bespannt war, fühlte sich komisch unter den Füßen

an. Vorsichtig ging sie weiter. Das Brett wippte, und sie bekam ganz wackelige Knie. Als sie vorne stand, sah sie das Wasser unter sich. Menschenskind, war das weit weg!
„Jetzt!", schrie der Schwimmlehrer.
Vorsichtig schob Sabrina einen großen Zeh über das Brett hinaus in die Luft – und zog ihn schnell wieder zurück. Ich mach beim Springen besser die Augen zu, dachte sie. Oh nein, das war ja noch schlimmer!
Sie riss die Augen wieder auf und schaute über die Schulter. Wo bloß Florian blieb? Der wollte doch zuerst springen!
Da kam er aus der Toilette. Gott sei Dank! Sabrina drehte sich um und wollte zurückgehen.
Aber Florian grinste. „Bleib doch auf deinem Babybrett", sagte er. „Mir ist das nicht hoch genug. Ich spring gleich vom Dreimeterbrett!"
Er winkte ihr zu und krabbelte die Leiter hoch.
Mensch, der macht das tatsächlich, dachte Sabrina. Wenn ich jetzt nicht springe, dann lacht er sich kaputt!
Sie nahm ihren ganzen Mut zusammen, hielt sich die Nase fest zu und sprang. Sie tauchte tief ins Wasser ein, aber gleich darauf kam sie wieder hoch, prustete und schwamm schnell zum Rand. Eigentlich war überhaupt nichts dabei gewesen.
„Bravo, Sabrina!" Der Schwimmlehrer klatschte in die Hände. Ob Florian auch schon gesprungen war? Sie schaute nach oben. Nein, da stand er noch und war ganz grün im Gesicht.
„Warum springst du nicht, alter Angeber?", fragte Sabrina.
„Ich glaub, es sind mehr als drei Meter", rief Florian kläglich.

„Es sieht aus wie dreihundert Meter!"
Sabrina wollte ihn auslachen, aber sie tat es doch nicht.
„Dann spring vom Einmeterbrett. Das geht ganz leicht!"
Wie ein Blitz sauste Florian die Leiter hinunter, auf das kleine Sprungbrett hinauf, rannte nach vorn – und landete mit lautem Platschen im Wasser.
„Na, siehst du", sagte Sabrina, als er zu ihr geschwommen war. „Jetzt haben wir es beide geschafft. Und weißt du was? Ein Meter ist auch schon ganz schön hoch!"

Die Gummibärchenparty

Eines Nachmittags war Martinas Lieblingstante zu Besuch gekommen und hatte ihr eine große Tüte Gummibärchen mitgebracht. 
Martina war ganz verrückt nach diesen kleinen bunten Dingern. Sie schmeckten süß und trotzdem sauer. Sie waren weich, und trotzdem konnte man herrlich lang drauf herumkauen. Es war also kein Wunder, dass sie bis zum Abendessen schon die Hälfte aufgegessen hatte.
Später, bevor sie ins Bett ging, schaute sie die Tüte noch einmal sehnsüchtig an. Wenn sie doch noch einmal hineinlangen dürfte! Doch natürlich war das nach dem Zähneputzen streng verboten.
Seufzend schlüpfte Martina unter die Decke und knipste das Licht aus. Wie schön wäre es, jetzt im Dunkeln gemütlich Gummibärchen zu kauen! Das Wasser lief ihr im Mund zusammen. Morgen, gleich nach dem Aufstehen, würde sie sich ein paar Gummibärchen gönnen. Mmmh! Voller Vorfreude schlief sie ein.

Aber plötzlich war sie wieder hellwach. So eine Frechheit! Wer machte denn da mitten in der Nacht einen solchen Höllenlärm?

Martina setzte sich auf und traute ihren Augen nicht: Wie sah denn ihre Schreibtischplatte aus? In der Mitte lag die Tüte mit den Gummibärchen. Überall standen Vasen mit Zuckerblümchen herum. Hinten war ein Büfett aufgebaut, mit Flaschen und Gläsern, Schüsseln, Terrinen und Tellern. Ganz vorne, gefährlich nah am Rand, hatte sich eine Musikkapelle breit gemacht. Ein rosarotes Marzipanschwein zupfte den Bass, ein Schokoladennikolaus kratzte die Geige, und ein Osterhase aus Zuckerguss hämmerte auf dem Klavier herum. Neben ihm stand die Sängerin, eine Lakritzkatze, und jaulte einen Schlager:

*„Bald sind wir ein Pärchen,
du süßes Gummibärchen,
oh lass mich nie alleine,
weil ich sonst schrecklich weine!"*

An dieser Stelle miaute sie so grauenhaft, dass sich Martina die Ohren zuhielt.

Nach fünf weiteren Strophen hörte sie endlich auf. Das Marzipanschwein hob die Vorderpfote, und die Kapelle spielte einen Tusch. Da krabbelten aus der Tüte die Gummibären heraus, rote, grüne, gelbe, orange und weiße.

Und dann begann eine Riesenparty. Sektkorken knallten, Gläser klirrten, Teller klapperten. Geleebananen im schwarzen Frack eilten durch die Menge und keuchten unter der Last ihrer schweren Tabletts. Die Gäste hauten ordentlich rein, und in null Komma nichts war das Büfett kahl gegessen.

Ein grüner Gummibär, der eine lange Zigarre zwischen den Lippen hatte, trat auf die Musiker zu.
„Sagen Sie", fragte er den Osterhasen, „wieso spielen Sie eigentlich heute Abend? Ostern ist doch schon längst vorbei!"

„Ach, wissen Sie", lautete die Antwort, „man hat mich einfach übersehen. Und inzwischen schmecke ich nicht mehr besonders gut. Deshalb habe ich überlebt."
„Glück gehabt!", seufzte der Gummibär und stieß eine dicke Tabakswolke aus. „Ich werde wahrscheinlich in den nächsten Tagen verspeist. Aber so ist das Leben eben!"
Gerade wollte der Nikolaus etwas sagen, da ließ das Marzipanschwein wieder einen donnernden Tusch spielen. „Es darf getanzt werden!", quiekte es.
Das ließ sich die Gesellschaft nicht zweimal sagen.
Bär verbeugte sich vor Bärin, reichte ihr seinen Arm, und ab ging's auf die Tanzfläche. Die Kapelle spielte einen flotten Foxtrott, und die Sängerin sang dazu:

„Ich lieb den knallroten Gummibär,
doch dieser Gummibär
macht mir das Herz so schwer!"

Die Bären wirbelten nur so über das Parkett und schwangen die Beine, die Bärinnen verrenkten die Hüften und ließen die Röcke fliegen.

Ein Pärchen, eine süße weiße Bärin und ein stämmiger gelber Bär, tanzte am verrücktesten. Die beiden hätten genauso gut im Zirkus auftreten können, so tollkühn waren ihre Sprünge. Und dabei ließen sie sich nicht ein einziges Mal los!

Dann wurde die Musik langsam und leise, die Sängerin schluchzte einen Blues.

Da tanzte das Bärenpärchen eng umschlungen, Wange an Wange, und hatte alles um sich herum vergessen.

„Schau dir die beiden an", sagte der elegante Grüne spöttisch zur Lakritzkatzensängerin, als die gerade mal eine Pause machte. „Schon in der Tüte haben sie aneinander geklebt."

„Ach, wie romantisch", seufzte die schwarze Schöne wohlig. „Schau, wie erschöpft sie sind!"

Tatsächlich ließ sich die Bärin auf einen weichen Marshmallow fallen und stöhnte außer Atem: „Ich kann nicht mehr!"

Ihr Freund setzte sich neben sie, ganz nah, legte die Arme um sie und küsste sie. „Du schmeckst so wunderbar nach Ananas", säuselte er.

„Aber Liebster!", sagte sie zärtlich und löste sich aus seinen Armen. „Doch nicht hier, vor all den fremden Bären!"

Währenddessen spielte die Musik weiter. Ein großer roter Bär nahm seinen ganzen Mut zusammen und trottete zu einer entzückenden Bärin, die genauso rot war wie er.

„Gleich und gleich gesellt sich gern", scherzte er und fuhr

fort: „Darf ich um den nächsten Tanz bitten, Gnädigste?"
„Nein danke", sagte die Bärin hochnäsig. „Ich tanze nur mit Schokoriegeln!"
„Aber, Gnädigste, die sind doch viel zu groß für Sie!"
„Na und? Dafür sind sie besonders zärtlich. Sie schmelzen förmlich dahin beim Tanzen."
„Schade", murmelte der Rote und schlich traurig davon.
Doch dann kam ihm eine Idee. Er sprang zu einer der großen Vasen und versuchte eines der Zuckerblümchen herauszuziehen. Das wollte er seiner Liebsten schenken. Er ruckte und riss und zerrte, aber er schaffte es nicht. Die Blume war ja doppelt so breit und so schwer wie er.
Martina konnte nicht mehr mit ansehen, wie er sich abmühte.
„Warte, ich helfe dir", sagte sie und schob die Hand über den Schreibtisch, eine unglaublich große Riesenhand.
Der rote Bär blickte auf und schrie so laut, dass er sogar die Katzensängerin übertönte. Da verstummte die Musik, und alle Bärchen starrten entsetzt auf die riesigen Finger über ihnen.
„Sie will uns essen, sie will uns essen", brüllten sie, „nichts wie ab in die Tüte!"
Vasen fielen um, der Kontrabass polterte zu Boden, das Büfett krachte zusammen. Hier und da war noch ein aufgeregtes Wispern zu hören, dann war es still.
Inzwischen wurde es draußen langsam hell, und da drang auch schon der erste Sonnenstrahl in Martinas Zimmer. Sie rieb sich verwundert die Augen. Vor ihr auf der Schreibtisch-

platte lag nur die halb volle Tüte. Hase, Nikolaus, Marzipanschwein und Lakritzkatze waren verschwunden. Keine Geleebanane, keine Vase, kein Instrument waren mehr zu sehen. Hatte sie womöglich nur geträumt? Nein, unmöglich! Sie konnte ja sogar noch die Schlager singen, die die Kapelle gespielt hatte!
Sie gähnte und griff nach der Tüte mit den Gummibärchen. Doch sie ließ sie sofort entsetzt wieder fallen. Nie, nie wieder würde sie ein einziges Gummibärchen verspeisen!
Und daran hielt sie sich. Stattdessen aß sie lieber Kartoffelchips. Die feierten wenigstens nachts keine Party.

Mädchen sind gar nicht so übel

Also, Mädchen waren irgendwie seltsam, fand Patrick. Er hatte jedenfalls dauernd Schwierigkeiten mit ihnen.
Ständig wurden sie einem als Vorbilder unter die Nase gerieben, weil sie ihr Zimmer aufräumten und sich die Zähne putzten. Und viele waren auch noch ein Stück größer als man selbst und konnten einem auf den Kopf spucken.
Das war Grund genug, sich von den Mädchen fern zu halten, zu Hause sowieso, aber auch in der Schule.
Doch Patrick war keiner von denen, die sich anstellen. Manchmal gab er sich sogar ganz gern mit den Mädchen ab. Er klaute ihnen ihr Pausenbrot oder legte ihnen ein Furzkissen auf den Stuhl. Und auch beim Nassgespritztwerden ließ er sie mitspielen.
Es war also völlig klar, dass Patrick überhaupt nichts gegen Mädchen hatte. Aber manchmal packte ihn doch die Wut, denn sie konnten ja so was von gemein sein. Melanie zum Beispiel.
Heute Morgen in der Schule hatte sie dreimal blöd zu ihm rübergeschaut, so richtig blöd. Total unfair war das gewesen. In der Schule konnte man schließlich nicht mal schnell aufstehen und jemandem klar machen, dass er nicht so blöd schau-

en sollte. Mit einem klitzekleinen Ohrenzwicken oder so.
Patrick musste also bis zur großen Pause warten.
„Du, schau gefälligst nicht immer so blöd", sagte er, sobald sie auf dem Schulhof waren. Dabei stupste er Melanie, ganz vorsichtig und rücksichtsvoll. Eigentlich konnte sie es kaum spüren.
Aber sie war natürlich sofort beleidigt. Typisch Mädchen.
„Bäh, selber blöd!", sagte sie.
Patrick ärgerte sich. Da war man extra höflich, und sie wurde sofort frech. Das musste man sich doch wirklich nicht gefallen lassen!
Trotzdem entschloss er sich, weiter höflich und freundlich zu bleiben, und zog Melanie nur ein bisschen an den Haaren.

Wirklich nur ein ganz kleines bisschen, damit sie merkte, dass sie sich nicht alles erlauben konnte.
Und da geschah das Unfassbare.

Melanie wirbelte herum, holte aus, und ihre rechte Hand knallte mit voller Wucht auf seine Backe.
Patrick begriff überhaupt nichts mehr. Warum mussten Mädchen immer gleich zuschlagen? Und schon wieder so verdammt unfair! Das sah man doch, dass er in einer Hand sein Pausenbrot hatte und sich überhaupt nicht ordentlich wehren konnte!
Die Backe brannte und schmerzte, und ihm blieb gar nichts anderes übrig, als loszuheulen. Also heulte er los und rannte zu Frau Hummel, die auf dem Schulhof die Aufsicht hatte.
„Die Melanie hat mich gehauen", heulte er.
„Ach nee", sagte die Hummel. „Und du? Was hast du gemacht?"
„Gar nix. Bloß geredet."
„Aha", meinte die Hummel. „Und was hast du geredet? Blöde Kuh? Dumme Gans? Alte Ziege? Dämliche Schnepfe?"
„Überhaupt nix davon", schniefte Patrick und hielt sich die Backe. „Nur ganz freundlich geredet."
„Und dann?"
„Dann so'n bisschen an den Haaren gezogen. Aus Versehen."
„So was hab ich mir gedacht", sagte die Hummel finster.
„Zieh bloß Leine, sonst …"
Dazu machte sie ein Gesicht, als ob sie sagen wollte: „… sonst hau ich dir auch noch eine runter."
Das nennt sich nun Gerechtigkeit, dachte Patrick verbittert. Die Mädchen können machen, was sie wollen. Blöd schauen, schlagen, alles. Und ich krieg die Schuld.

Er beschloss sich zu rächen, bei der nächsten Gelegenheit.
Nach der Pause hatten sie Rechnen, und schon wieder gab es einen Grund, sich über die Mädchen zu ärgern.
Patrick saß nämlich vor Katja und Melanie. Die beiden kicherten pausenlos. Einfach unerträglich! Wie sollte einer richtig rechnen, wenn da andauernd gekichert wurde!
Er drehte sich um und zischte: „Alberne Gänse! Haltet endlich die Klappe!" Dann beugte er sich wieder über das Heft und biss in seinen Bleistift, denn die Aufgabe war verdammt schwierig.
Das Kichern wurde lauter, und dann spürte Patrick einen heftigen Stich im Nacken.

Blitzschnell drehte er sich um und sah gerade noch, wie Melanie ihren spitzen Bleistift grinsend auf das Pult legte.
Jetzt war das Maß voll! Patrick sprang auf und – zack! – hatte Melanie eine sitzen.

Endlich Gerechtigkeit! Zum ersten Mal an diesem Tag fühlte sich Patrick richtig gut.

Aber das dauerte nicht lange. Melanie fing nämlich laut zu heulen an. Typisch Mädchen! Wegen so einer kleinen Backpfeife gleich heulen.

Die Hummel, die bisher an der Tafel gerechnet hatte, drehte sich um.

„Was ist los?", fragte sie.

„Der Patrick hat mich gehauen", jammerte Melanie.

„Wie kannst du es wagen!", schnaubte die Hummel. „Mitten im Unterricht …!"

„Aber sie hat mich zuerst mit ihrem Bleistift gestochen", sagte Patrick. „Beinah bis auf den Knochen!" So, jetzt würde dieses Scheusal seine verdiente Strafe kriegen!

„Ich hab deine dauernden Ausreden satt, Patrick!", schrie die Hummel. „Dauernd ärgerst du die Mädchen, und dann fällt dir nichts Blöderes ein! Mit dem Bleistift bis auf den Knochen! So ein Quatsch! Bis morgen schreibst du zehn Sätze zu dem Thema: Warum ich die Mädchen nicht ärgern soll. Verstanden?"

Für den Rest des Vormittags sagte Patrick gar nichts mehr. Zu Hause schrieb er zähneknirschend seine zehn Sätze und noch einen elften dazu: „Ich soll die Mädchen nicht ärgern, weil alle Lehrer die Mädchen lieber mögen und weil die Mädchen sowieso immer Recht kriegen."

So, das würde er morgen der Hummel hinknallen, und wenn sie das las, würde sie sich schämen. Vielleicht jedenfalls. Und

er würde nie mehr mit einem Mädchen auch nur ein einziges Wort reden. Das war ihm viel zu gefährlich.
Seufzend machte er sich an die Hausaufgaben. Als er gerade alles erledigt hatte, da klingelte es.
Draußen vor der Tür stand Melanie. Sie lachte ein bisschen verlegen, und die Hand hatte sie voller Kaugummis. Die, die so wunderbar nach Erdbeer schmeckten.
„Wollen wir uns wieder vertragen?", fragte sie und hielt ihm die Kaugummis hin.
Patrick wollte. Man war ja schließlich kein Unmensch. Und außerdem – manchmal waren Mädchen gar nicht so übel.

Zahnarzt überflüssig

Eines Sonntags hatte Jens fürchterliche Zahnschmerzen. Seine Mutter sagte: „Lass mich mal sehen", und schaute ihm in den Mund hinein. „Welcher ist es denn?"
„Geh gah! Giggu gich?", machte Jens, denn mit weit aufgesperrtem Mund kann man nur ganz schlecht reden.
„Ach ja, der Eckzahn!", sagte die Mutter und tippte mit einem Finger dagegen.
„Auuuaaahoioioioi!", schrie Jens.

„Na, so schlimm ist es auch wieder nicht", meinte seine Mutter. „Aber der ist schon ganz wackelig, der muss raus. Gleich morgen gehen wir zum Zahnarzt."

„Nein, danke, ist nicht nötig", sagte Jens und machte den Mund so schnell wieder zu, dass seine Mutter gerade noch rechtzeitig den Finger herausbekam. „Tut schon gar nicht mehr weh!"

„Also, Jens!" Die Mutter schüttelte den Kopf. „Stell dich doch nicht so an! Das ist überhaupt nicht schlimm. Der Zahnarzt packt den Zahn einfach mit der Zange, zieht ein bisschen daran – und schwupps! ist er schon draußen."

Jens schüttelte energisch den Kopf. „Nein, nein", sagte er. „Wir gehen nicht zum Zahnarzt. Bestimmt wächst der Zahn wieder an. Ich möchte ihn gern behalten. Das ist mein Lieblingszahn."

„Wie du willst", sagte die Mutter. „Hast du vielleicht Angst vor dem Zahnarzt?"

„Ich habe überhaupt keine Angst", antwortete Jens empört. „Ich will bloß meinen schönen Zahn nicht hergeben. Oma sagt auch immer: Man muss um jeden Zahn kämpfen!"

Am Nachmittag saß die ganze Familie zusammen, trank Tee und knackte Nüsse dazu. Natürlich redeten sie dabei über Jens' Zahn.

„Wenn du so viel Angst vor dem Zahnarzt hast, musst du dir einfach vorher Windeln anziehen", sagte sein frecher Bruder Bennie höhnisch. „Falls du dir in die Hosen machst."

„Ich habe keine Angst!", schrie Jens wütend.

„Na, dann geh doch hin, du Weichei!"
„Ich will aber nicht, basta!" Voller Wut stopfte Jens sich eine große Nuss in den Mund. „Kracks!", machte es.
„Was war das denn?", fragte Bennie.
Jens holte etwas aus dem Mund und hielt es hoch. „Mein Zahn!", sagte er stolz.
Die Mutter lachte. „Also ist er doch nicht wieder angewachsen!"

Jens schüttelte den Kopf. „Na klar nicht. Das habe ich doch nur so gesagt." Er schaute seinen Bruder verächtlich an. „Ich bin nicht so ein Weichei wie du. Ich renne nicht gleich zum Zahnarzt. Solche Kleinigkeiten erledige ich selbst!"

Benny Banana

Familie Kuschler saß gerade gemütlich beim Abendessen, als es klingelte.
Vor der Tür stand ein riesiger Orang-Utan.
Er war ordentlich angezogen, mit Anzug und Krawatte, und grüßte höflich:
„Guten Abend. Mein Name ist Benny Banana. Sie haben ein Haustier bestellt. Hier bin ich."

„Aber wir wollten einen Hamster!", protestierte Vater Kuschler.

„Hamster waren nicht vorrätig", sagte Benny Banana. „Nur ein Orang-Utan war noch auf Lager. Also wollen Sie mich jetzt oder nicht?"

„Klar wollen wir dich", krähte Kasimir Kuschler. „Aber sag mal: Wieso kannst du eigentlich reden?"

„Das ist ganz einfach", erklärte Benny Banana. „Es gibt Menschenaffen, die sind außen Affen und innen Menschen. Die können alle reden. Dann gibt es noch Affenmenschen, die sind außen Menschen und innen Affen. Die können auch reden, manchmal jedenfalls. Und dann gibt es noch Affenaffen. Die können nie reden."

„Und was ist mit Menschenmenschen?", fragte Kasimir.

„Menschenmenschen?", sagte Benny Banana. „Nie gehört. Die gibt es nicht."

Dann ging er in die Küche und aß alles auf, was noch da war: Vater Kuschlers Spiegeleier, Mama Kuschlers Schinkenbrot und Kasimirs Würstchen.

Hinterher gähnte er laut und fragte: „Wo ist denn mein Bett?"

„Ei-eigentlich da", stotterte Papa Kuschler und zeigte auf das winzige Bettchen im Hamsterkäfig.

„Das gefällt mir nicht", sagte Benny Banana. „Ich hasse Gitterstäbe. Ich nehme Ihr Bett."

Er ging ins Schlafzimmer und legte sich auf das große Doppelbett. Diagonal!

Papa Kuschler musste in der Badewanne schlafen. Mama Kuschler schlief in ihrem Fernsehsessel. Das tat sie sowieso öfter.

Am nächsten Tag ging Benny Banana mit Kasimir in die Schule.

„Dies ist keine Schule für Orang-Utans", meinte die Lehrerin, aber Benny hatte sich schon hingesetzt.

„Also gut", sagte die Lehrerin. „Aber Sie müssen sich anständig benehmen."

„Ist in Ordnung", antwortete Benny Banana und zündete sich eine große Zigarre an.

„Habe ich nicht gesagt, Sie müssen sich anständig benehmen?", schrie die Lehrerin. „Und was machen Sie? Sie zünden sich eine Zigarre an!"

„Ich mache beides gleichzeitig", erklärte Benny Banana. „Ich benehme mich anständig, und ich zünde mir eine Zigarre an. Sie können sich ja auch gleichzeitig am Kopf kratzen und in der Nase bohren."

„Ich bohre nicht in der Nase", schrie die Lehrerin und kratzte sich am Kopf.

„Aber Sie könnten, wenn Sie nur wollten", entgegnete Benny.

Da sagte die Lehrerin nichts mehr. Stattdessen stellte sie eine Frage. „Wie viel ist 17 + 34?"

Niemand wusste eine Antwort.

Da sprang Benny Banana auf und ging an die Tafel.

„Sie machen das ganz falsch", sagte er. „17 + 34! Was hat das mit dem richtigen Leben zu tun?"

Dann fragte er die Klasse: „Wer von euch hat eine Banane dabei?"
„Ich! Ich! Ich! Ich!", riefen vier Kinder.
Benny Banana sprang durch die Klasse und sammelte die Bananen blitzschnell ein. Danach zog er noch zwei aus seiner Tasche.
„Ich habe zwei Bananen", erklärte er. „Und vier Bananen habe ich euch geklaut. Jetzt hab ich sechs. Das nennt man zusammenzählen. Kapiert?"
„Ja!", schrien alle.
„Sehen Sie?", sagte Benny Banana zur Lehrerin. „So einfach geht das im richtigen Leben. Sie müssen mir auch gar nichts bezahlen für meine Hilfe. Ich behalte einfach die Bananen."
Dann stieß er eine dicke Zigarrenqualmwolke aus. „Ich möchte jetzt gehen. Hier ist mir nämlich die Luft zu schlecht. Kommst du mit, Kasimir?"
„Klar", antwortete Kasimir, denn er hatte überhaupt nichts dagegen, wenn die Schule mal früher aus war.
Draußen auf der Straße sausten die Autos hin und her. Sie machten Krach und stanken.
„Hier ist die Luft ja noch schlechter als in der Schule", sagte Benny. „Los, wir kaufen uns eine Torte, und dann gehen wir heim Kaffee trinken."
In der Bäckerei zeigte Benny Banana auf eine große Sahnetorte.
„Die da will ich", sagte er zur Verkäuferin.
„Sie kostet zwanzig Euro", sagte die Verkäuferin.

"Was, so teuer?", schrie Benny. Er steckte alle zehn Finger in die Torte und schleckte sie ab. "Die schmeckt ja scheußlich! Sie sollten sich schämen, für so eine schlechte Torte so viel Geld zu verlangen!"

Als sie wieder auf der Straße standen, sagte Benny: "Weißt du was? Wenn es schon keinen Kuchen gibt, dann wollen wir wenigstens unseren Spaß haben."

Er hob Kasimir auf seine Schultern und schnitt allen Leuten, die ihnen begegneten, die sonderbarsten Grimassen. Und wenn sie stehen blieben und sich aufregten, zeigte er ihnen sein Hinterteil. Dann regten sie sich noch mehr auf.

Darüber freute sich Benny Banana so sehr, dass er mit Kasimir durch die ganze Stadt tanzte, bis sie wieder zu Hause ankamen.

Dort warteten schon Papa und Mama Kuschler auf sie, mit zwei fremden Männern. Die trugen Uniformen und hatten eine lange eiserne Kette dabei.
„Er ist aus dem Zoo ausgebrochen", sagte einer und deutete auf Benny Banana.

„Er ist gemeingefährlich. Neulich hat er sogar dem Zoodirektor einen Vogel gezeigt. Wir müssen ihn mitnehmen."
„Schnell, lauf weg!", rief Kasimir.
„Ach, weißt du", grinste Benny Banana, „eigentlich gefällt es mir im Zoo doch besser. Nicht so viele Affenmenschen, verstehst du?"
Er ließ sich die Kette anlegen und ging mit den Männern hinaus.
An der Tür winkte er noch einmal, dann war er verschwunden.
Kasimir schaute ihm traurig nach.
„Mach dir nichts draus", tröstete ihn Papa Kuschler. „Du kriegst einen Hamster."
Aber was ist schon ein Hamster gegen Benny Banana?

Rache ist süß!

Eines Tages zog ein neuer Mieter in das Hochhaus, in dem Markus mit seinen Eltern und seinen beiden Schwestern lebte. Direkt in die Nachbarwohnung.
Eigentlich hatte Markus nichts weiter auszusetzen an seinem neuen Nachbarn. Er sagte freundlich „guten Tag", wenn man ihm im Treppenhaus begegnete. Er meckerte nie, wenn Markus einen Ball die Stufen hinunterhüpfen ließ oder wenn er im Fahrstuhl alle Knöpfe drückte. Mittags kam er von der Arbeit nach Hause, und gleich darauf hörte Markus ihn laut schnarchen. Die Wände im Hochhaus waren nämlich sehr dünn.
Das Schnarchen störte Markus nicht, das war er gewöhnt von seinem Vater. Aber etwas anderes störte ihn gewaltig. Am Abend, wenn Markus müde war, wurde der Nachbar so richtig munter. Das war kein Wunder, er hatte ja den ganzen Nachmittag geschlafen. Dann machte er sein Radio an und stellte die Musik ganz laut. Tatomm, tomm, tomm, rattatawomm, rattatawomm, rattata, rattata, rattatawomm!, dröhnte es durch die Wand.
Jedes Mal wälzte sich Markus in seinem Bett von einer Seite auf die andere. Tatomm, rattatawomm! Er wäre so gern eingeschlafen, aber das ging bei dem Höllenlärm nicht.

Einmal hatte Markus seiner Mutter sein Leid geklagt, aber die hatte nur gesagt: „Mit einem neuen Nachbarn soll man nicht gleich streiten. Halt dir einfach die Ohren zu!"

Von wegen einfach! Markus steckte sich zwei Finger ganz fest in die Ohren, aber dann konnte er erst recht nicht einschlafen. Und kaum zog er sie heraus, ging es schon wieder los: Rattata, rattata, rattatawomm!

Eines Abends hatte Markus die Nase voll und dachte: Jetzt unternehme ich selbst was!

Am nächsten Tag, gerade um die Mittagszeit, als der Nachbar zu schnarchen begonnen hatte, holte er sich von seiner Schwester Sandra die Geige. Er nahm den Bogen, drückte ihn ganz fest auf die Saiten und zog ihn schnell hin und her.

Krrzz, krrzz, krrzz, krrzz! Das klang vielleicht scheußlich! Noch mal! Krrzz, krrzz, krrzz!
Das Schnarchen hörte auf.
Markus legte einen Finger auf die höchste Saite und ließ ihn hin und her wandern, während er den Bogen strich. Uuuuiii, iiiuuuuu! Uuuuiiiiiii, iiiuuuuu! Markus schüttelte sich, so fürchterlich hörte sich das an.

Der Nachbar klopfte gegen die Wand. „Aufhören!", rief er. Markus kümmerte sich nicht darum, sondern kratzte weiter auf der Geige, bis er es selber nicht mehr aushalten konnte.
Am Abend wartete er gespannt. Kaum lag er im Bett, ging es wieder los: Tatomm, tomm, tomm, rattatawomm, rattatawomm, rattata, rattata, rattatawomm!
Na, warte!, dachte Markus. Am nächsten Tag, als der Nachbar schnarchte, holte er sich wieder die Geige und machte eine grauenhafte Katzenmusik.
Danach schrieb er in großen Buchstaben auf einen Zettel:
„LIEBER NACHBAR!
WENN DU NICHT AUFHÖRST, ABENDS SO LAUT MUSIK ZU MACHEN, SPIELE ICH JEDEN MITTAG GEIGE!
UND AUSSERDEM KAUF ICH MIR NOCH EINE FLÖTE.
DIE IST NOCH VIEL SCHLIMMER!
VIELE GRÜSSE, MARKUS."
Den Zettel legte er seinem Nachbarn vor die Tür.
An diesem Abend konnte er ungestört einschlafen. Nur ein ganz leises „Dommdodommdodomm", das man kaum hörte, kam durch die Wand.
Am nächsten Morgen fand Markus einen Brief vor seiner Tür. „LIEBER MARKUS", stand da drin, „ICH VERSPRECHE, DASS ICH GANZ LEISE BIN, WENN DU NICHT MEHR GEIGE SPIELST. UND BITTE, BITTE KAUF DIR KEINE FLÖTE!"
Na also, dachte Markus, warum nicht gleich so! Er war heilfroh, dass er nicht mehr auf der Geige kratzen musste. Davon taten ihm nämlich immer noch die Ohren weh.

Die Blume „Rühr mich nicht an!"

Eines Tages ging Alex nach dem Mittagessen in den Wald, der nicht weit hinter dem Haus seiner Eltern begann. Bald kam er zu dem Bach, der durch den Wald floss, hockte sich ans Ufer und begann einen Staudamm zu bauen. Als das Wasser schon zu einem kleinen See geworden war, hörte er plötzlich Schritte hinter sich. Er drehte sich um und sah einen Mann auf sich zu kommen. Ein seltsamer Mann war das. Er hatte einen gewaltigen Schnurrbart, dessen Spitzen weit abstanden, und trug einen Umhang mit lauter silbernen Sternen. Auf seinem Kopf saß ein hoher spitzer Hut.
Alex bekam ein bisschen Angst und nahm für alle Fälle einen großen Kieselstein in die Faust.
Aber der Mann lächelte nur und schnippte mit den Fingern.
„Schau in deine Hand!", sagte er.
Alex schaute nach und staunte. Der Kieselstein hatte sich in einen Goldklumpen verwandelt! „Bist du ein Zauberer?", fragte er.
Der Mann nickte. „Der größte Zauberer überhaupt."
Alex wollte das Gold in seine Tasche stecken, aber der Mann schnippte noch einmal, und der Goldklumpen war wieder ein ganz gewöhnlicher Kieselstein.
„Ich zaubere nur für mich selbst", sagte der Mann.

„Dann musst du mir zeigen, wie es geht!", bat Alex.
„Ein Zauberer verrät niemals seine Tricks", erklärte der Zauberer.
Aber Alex bettelte so lange, dass der Zauberer schließlich nachgab.
„Also gut", sagte er und kicherte dabei. „Einen Zaubertrick will ich dir beibringen."
Er zeigte auf eine Pflanze, die überall am Bach wuchs. Sie war ziemlich hoch, hatte gelbe Blüten und kleine, grüne, prall gefüllte Früchte.
„Das ist die Blume ‚Rühr mich nicht an!'", sagte er. „Ein Kraut mit großer Zauberkraft!"
Er pflückte eine und hielt sie Alex entgegen. „Jetzt schau genau hin!"

Er tippte mit dem Finger auf eine Frucht, etwas sauste heraus und landete genau in Alex' Gesicht. Er erschrak ordentlich.
„Abrakadabra, rühr mich nicht an!", rief der Zauberer. „Ich wünsche mir, dass du in der Nase bohrst!"
Sofort musste Alex den Finger in die Nase stecken, er konnte einfach nichts dagegen machen.
„Halt, halt", sagte der Zauberer. „Das gehört sich aber gar nicht!"
Da konnte Alex den Finger wieder herausziehen. „Das ist ja wirklich toll!", staunte er.
„Nicht wahr?", erwiderte der Zauberer lachend. „Und so einfach! Du musst nur auf eins von diesen kleinen Knöllchen drücken, sodass die Kerne darin jemandem direkt ins Gesicht fliegen. Dazu musst du sagen: Abrakadabra, rühr mich nicht an! Schon kannst du dir wünschen, was du willst. Aber pass gut auf, dass du alles richtig machst!"
Damit drehte er sich laut lachend um und war plötzlich weg, wie vom Erdboden verschluckt.
Alex schaute ihm nicht lang hinterher. Dazu war er viel zu aufgeregt. Er griff nach einer der kleinen Früchte und drückte drauf. Sofort flitzten die Kerne heraus. Es funktionierte!
Schnell pflückte er ein paar von den Pflanzen, an denen besonders viele grüne Knollen saßen, und machte sich auf den Heimweg. Die tollsten Dinge würde er sich wünschen!
Unterwegs kam er an einer Wiese vorbei, auf der ein paar Kühe weideten. Eine davon trottete an den Zaun und rupfte sich ein Büschel Gras.

Alex überlegte. Probieren könnte man es ja mal. Er ließ der Kuh ein paar Kerne ins Gesicht hüpfen und rief: „Abrakadabra, rühr mich nicht an! Ich wünsche mir ein Glas Buttermilch!"

Die Kuh glotzte ihn mit großen Augen an, hob den Schwanz und ließ etwas fallen – aber das war bestimmt keine Buttermilch.
Natürlich, dachte Alex, bei einer Kuh kann es nicht funktionieren. Die versteht ja meine Sprache überhaupt nicht. Ich muss es bei einem Menschen versuchen!
Als er zu Hause war, sah er Max, seinen großen Bruder, der am Küchentisch saß und seine Hausaufgaben machte. Er war ganz in die Arbeit vertieft und schrieb eifrig mit dem Füller in sein Heft.

Alex schlich sich heran und drückte auf ein Knöllchen. Die Kerne schossen heraus und trafen Max mitten auf die Nase. Max fuhr zusammen, der Füller fiel ihm aus der Hand und machte einen dicken Tintenklecks auf das Heft.
„Abrakadabra, rühr mich nicht an!", rief Alex schnell. „Ich wünsche mir ein großes Eis von dir!"

Max sprang auf. „Spinnst du?", schrie er. „Schau her, was du angestellt hast! Da hast du dein Eis!" Zack, hatte er Alex eine geklebt.
Au, das tat weh! Alex hielt sich die Backe und verzog sich schleunigst. Das Zauberkraut warf er draußen über den Zaun. Bloß weg damit! Das war nicht die Blume „Rühr mich nicht an!", das war die Blume „Hau mir eine rein!".
Der Zauberer hatte ihn reingelegt, so viel war sicher. Aber das würde ihm nicht noch einmal passieren. Denn jetzt wusste er: Ein Zauberer verrät niemals seine Tricks.

Kauboy

Eines Sonntags stand er vor der Tür, auf vier krummen Beinchen und mit wedelndem Schwanz. Sein Fell war weiß, mit ein bisschen Braun dazwischen, sein eines Ohr ragte senkrecht nach oben, das andere hing schlapp nach unten wie ein leerer Luftballon. Er hielt den Kopf schräg und leckte sich unaufhörlich mit seiner kleinen rosa Zunge über das Maul, als ob er sagen wollte: Lasst mich endlich rein, ich habe Hunger!
Simon entdeckte ihn, als er nach dem Frühstück frische Luft schnappen wollte.
„Ein Hund!", schrie er. „Vor unserem Haus steht ein Hund!"
„Reiz ihn nicht! Sonst fällt er dich an!", rief die Mutter ängstlich.
„So sieht er aber gar nicht aus!", erwiderte Simon.
Die Mutter stürzte aus der Tür, um ihren Sohn zu beschützen. „Wo ist das Untier?"
„Da!" Simon grinste und zeigte nach unten. Der Hund leckte neugierig an Mutters Schienbein, denn höher hinauf kam er nicht.
„Ach so!", sagte sie erleichtert. „Nein, der ist wahrscheinlich nicht gefährlich. Aber pass trotzdem auf, man weiß ja nie."
Inzwischen waren auch der Vater und Simons Schwester Tan-

ja herausgekommen. „Ist der nicht goldig?", krähte Tanja.
„Na, ich weiß nicht!" Mutter betrachtete finster die lange Laufmasche, die der Hund mit seinen spitzen Zähnchen in ihre Strumpfhose gerissen hatte.
„Ist es ein Männchen oder ein Weibchen?", erkundigte sich Tanja.
„Rüde oder Hündin heißt das", verbesserte der Vater. „Keine Ahnung."
In diesem Augenblick hob der Hund das Bein und ließ ein Bächlein an dem Topf mit den Geranien hinunterrieseln.

„Damit wäre auch das geklärt", sagte Simon. „Ein Rüde."
Der Hund wedelte zustimmend mit dem Schwanz.
„Ist er nicht klug?" Tanja bückte sich und streichelte vorsichtig das struppige Fell. „Ich glaube, er versteht alles, was wir sagen."
„Vielleicht ist er klug", sagte Mutter streng. „Aber ein Ferkel ist er trotzdem. Man pieselt nicht an fremder Leute Blumentöpfe! Mal sehen, ob er alles versteht. Geh nach Hause, hörst du? Geh zu deinem Herrchen!"
Der Hund legte sich hin und begann an ihrer rechten Schuhspitze zu nagen.
„Pah! Nichts versteht er!", stellte sie fest.
„Oh doch!", behauptete Simon. „Er versteht alles. Er will bloß nicht weg! Was ist das eigentlich für 'ne Rasse?"
„Ich würde sagen, so eine Art Pudel", meinte Vater.
Simon schüttelte den Kopf. „Falsch! Guck dir doch die Beine an! Eher ein Dackel. Andererseits … die Schnauze, die sieht mehr nach Bernhardiner aus. Bernhardiner in Miniformat."
„Das rechte Ohr ist von einem Spitz", stellte Tanja fest. „Das linke von einem Spaniel. Ich glaub, er hat von allen Rassen ein bisschen was. Deswegen ist er was ganz Besonderes. Ein Fünfzig-Hunde-in-einem-Hund."
Da setzte sich der Hund auf die Hinterbeine, kläffte und
– husch! – war er im Haus verschwunden.
Die Mutter raste hinter ihm her. „Um Himmels willen!", schrie sie. „Wer weiß, wo er da drinnen das Bein hebt!"
Als die anderen ins Wohnzimmer kamen, lag der Hund auf

dem Teppich, alle viere von sich gestreckt, und knabberte an den Fransen. Vor ihm stand die Mutter, die Hände in die Hüften gestemmt.

„Hör sofort auf, an meinem Teppich herumzukauen!", zischte sie.

Der Hund schaute sie freundlich an, wedelte mit dem Schwanz – und kaute weiter.

„Nun tu doch etwas!", sagte sie vorwurfsvoll zu Vater.

„Ach, lass ihn doch, was macht das schon! Komm, wir setzen uns erst mal hin!"

Alle vier setzten sich auf das Sofa und sahen dem Hund zu, wie er am Teppich kaute.

„Seht ihr, er hat kein Halsband!", rief Simon plötzlich aufgeregt. „Wir können ihn behalten!"
„Nur über meine Leiche!", beteuerte Mutter.
„Bitte, Mama! Sei doch nicht so!"
Zehn Minuten lang redeten sie alle durcheinander.
Plötzlich fragte Vater: „Wo ist denn der Hund geblieben?"
Auf dem Teppich lagen nur drei ausgerissene Fransen. Der Hund war weg.
Simon hob die Hand hinter das Ohr. „Wartet mal, ich glaube, ich höre was!"
Tatsächlich, da war ein seltsames Geräusch, direkt hinter dem Sofa.
Alle drehten sich um und starrten über die Lehne.
Da lag der Hund. Er hatte Vaters Sonntagszeitung in lauter kleine Fetzen gerissen und kaute vergnügt darauf herum.
„Er ist ja sooo süß!", rief Tanja. „Bitte, bitte lass ihn hier bleiben!"
„Kommt überhaupt nicht in Frage", sagte die Mutter streng.
„Ich weiß auch schon, wie er heißen soll", erklärte Simon.
„Kauboy! Weil er auf allem herumkaut. Bitte, du musst es einfach erlauben!"
„Kommt überhaupt nicht in Frage!", wiederholte die Mutter.
Der Hund sprang auf, stolzierte um das Sofa herum und legte ihr einen großen Klumpen gut durchgekautes Zeitungspapier vor die Füße. Dann schaute er sie an, hielt den Kopf schief und wedelte mit dem Schwanz.
Natürlich durfte er bleiben. Und er hieß von nun an Kauboy.

Das netteste Tier der Welt

Matthias saß mit seiner Mutter am Frühstückstisch und aß Müsli. Auf einmal verschluckte er sich, und gleich darauf musste er laut rülpsen.

„Also so was!", sagte die Mutter streng. „Was ist das denn für ein Benehmen?"

Matthias hielt sich erschrocken die Hand vor den Mund. Leider stieß er dabei an den Teller. Milch und Haferflocken spritzten über den ganzen Tisch und kleckerten Mutters Bluse voll.

„Jetzt reicht's mir aber!", schrie die Mutter erbost. „Schau, was du jetzt wieder angestellt hast! Es ist wirklich schrecklich mit dir!"

„Ich hab's aber doch nicht absichtlich gemacht!", sagte Matthias.

„Ach, sei still! Meine schöne Bluse ist hin! Mit dir hat man wirklich nichts als Ärger!", schimpfte die Mutter.

„Na gut", sagte Matthias böse, „dann gehe ich eben weg. Ganz weit weg!"

Und ehe die Mutter etwas antworten konnte, stürmte er schon aus dem Haus.

„Nichts als Ärger", murmelte er vor sich hin. „Wegen dem bisschen Milch und den paar Haferflocken. Und dem klitze-

kleinen Rülpser! Ich komme überhaupt nie mehr nach Hause!"
Er wusste auch schon, wohin er gehen wollte: zum Zirkus! Gestern war nämlich ein bunter Zettel im Briefkasten gewesen. Da stand drauf: „Menschen, Tiere, Sensationen! Besuchen Sie den Zirkus Maronetti! So etwas haben Sie noch nie gesehen!"
Bald kam er auf den großen Platz, auf dem die Zirkusleute ihr riesiges Zelt aufgeschlagen hatten. Es war niemand zu sehen. So früh am Tag gab es noch keine Vorstellung.
Matthias ging auf einen blauen Wohnwagen zu, auf dem mit prächtigen großen Buchstaben „Maronetti" stand. Da wohnte bestimmt der Zirkusdirektor drin.

Matthias wollte an die Tür klopfen. Aber dann traute er sich doch nicht. Vielleicht schläft der Direktor noch, dachte er. Wenn ich ihn aufwecke, ist er sauer. Dann nimmt er mich bestimmt nicht mit.

Plötzlich ging die Tür auf, und ein Mann mit einem gewaltigen Schnurrbart schaute heraus. „Was machst du denn hier?", fragte er neugierig.

„I…ich mö…möchte zum Zirkusdirektor", stotterte Matthias.

„Der ist nicht da. Was willst du denn von ihm?"

„Ich dachte nur … er könnte vielleicht noch jemand brauchen. Zum Helfen", sagte Matthias und fügte hinzu: „Für immer, meine ich."

„Gleich für so lange?", staunte der Mann. „Du hast wohl zu Hause Ärger gehabt, was?"

Matthias nickte.

„Mmmh", überlegte der Mann. „Eine Stelle ist noch frei. Bei den Elefanten. Komm mal mit!"

Zusammen gingen sie zu einem Zelt, das nicht ganz so groß war wie das Zirkuszelt, aber immer noch sehr groß. Drinnen standen zwei riesige Elefanten.

„Das sind Big Joe und Big Nelly", sagte der Mann. „Keine Angst, sie tun nichts."

Keine Angst, das war leicht gesagt. Matthias kam sich plötzlich ganz winzig vor.

„Du musst mit ihnen sprechen", erklärte der Mann. „Wenn sie etwas richtig machen, musst du sie loben, wenn sie etwas falsch machen, ordentlich schimpfen."

„Das kenn ich", sagte Matthias. „Das ist wie zu Hause."
Der Mann nahm einen großen Laib Brot und hielt ihn Big Joe hin. „Der hat immer am meisten Hunger", sagte er.
Der Elefant nahm das Brot mit dem Rüssel und schob es auf einmal ins Maul, dann noch eins und noch eins und dann fünf Köpfe Salat. Hinterher soff er zwei Eimer Wasser leer. Dann hob er seinen Rüssel und rülpste so laut, dass die Zeltwände wackelten.
Jetzt muss ich mit ihm schimpfen, dachte Matthias. Er stemmte die Hände in die Seiten und brüllte: „Also so was! Was ist das denn für ein Benehmen?"

Big Joe blinzelte ihn aus kleinen Augen ärgerlich an. „Ja, dich meine ich", schrie Matthias. „Man rülpst nicht! Das sagt meine Mutter auch immer!"

Plötzlich streckte der Elefant den Rüssel nach vorn, und dann kriegte Matthias eine gewaltige Dusche ab: Eine Dusche aus Spucke, Brotkrümeln und Salatstückchen. Pfui Teufel, wie das roch!

Matthias rannte aus dem Zelt.

„He", rief ihm der Mann hinterher. „Ich dachte, du wolltest bei uns arbeiten!"

„Geht doch nicht", antwortete Matthias atemlos. „Muss mich umziehen!"

Zu Hause klingelte er Sturm. Die Mutter öffnete. „Ach du meine Güte", sagte sie. „Wie siehst du denn aus?"

„Ein Elefant hat mich voll gespuckt", erzählte Matthias. „Aber du darfst nicht schimpfen. Du musst dich freuen."

„Wieso das denn?", fragte die Mutter entgeistert.

„Ich bin nur wiedergekommen, weil er mich angespuckt hat", erklärte Matthias. „Sonst wär ich mit dem Zirkus mitgegangen. Und du hättest mich nie mehr gesehen!"

„Um Gottes willen!", rief die Mutter. „Da bin ich dem Elefanten aber dankbar! Elefanten sind eben die nettesten Tiere der Welt."

Das fand Matthias nun überhaupt nicht. Aber trotzdem war es gut, wieder zu Hause zu sein.

Das hungrige Gespenst

Als Hannes vom Sport nach Hause ging, war es schon dunkel. Aber das machte ihm gar nichts aus, denn er kannte den Weg genau. Er dachte gerade daran, dass er vielleicht ein bisschen fernsehen könnte, weil seine Eltern bestimmt noch nicht zu Hause waren, da sagte plötzlich hinter ihm jemand: „Guten Abend."

„Guten Abend", erwiderte Hannes und sah sich um. Aber da war niemand.

„Hier bin ich", sagte die Stimme. Sie war tief und klang, als wenn man in einen großen, leeren Raum hineinruft. „Hier. Direkt neben dem Zaun."

Hannes strengte seine Augen an. Ja, da war etwas. Etwas, das aussah wie Nebel oder Rauch. Das Etwas hatte die Umrisse eines kleinen Mannes, nur ein Stück größer als er selbst.

Hannes wusste sofort, was los war. „Aha, Sie sind ein Gespenst", sagte er.
„Du hast es erraten", sagte das Gespenst. „Fürchtest du dich denn gar nicht?"
„Nein, wieso?", erwiderte Hannes. „Sie sind ja nicht gerade besonders groß und haben überhaupt keine Muskeln. Alles nur Nebel und Rauch. Davor hab ich keine Angst."
„Ja, ja, nur Nebel und Rauch", seufzte das Gespenst.

Eine Weile ging Hannes schweigend weiter, das Gespenst schwebte neben ihm her. Ein kräftiger Wind kam auf und wirbelte welke Blätter von den Bäumen.
„Sagen Sie mal", erkundigte sich Hannes, „was machen Sie eigentlich, wenn der Wind Sie auseinander pustet? Ist das nicht schrecklich unangenehm, wenn Sie sich hinterher wieder zusammenbauen müssen?"

„Oh, das passiert nicht", versicherte das Gespenst. „Er bläst einfach um mich herum. Das heißt, wenn richtiger Sturm ist, dann werde ich manchmal in eine Wasserpfütze geweht oder knalle an eine Hauswand. Aber das macht nichts. Ich friere nämlich nicht, und mir tut auch nichts weh."

Auf einmal fing das Gespenst fürchterlich zu heulen an. Weil es so eine tiefe Stimme hatte, klang das ziemlich komisch, so wie das Orgeln von Mutters altem Auto, wenn der Motor nicht ansprang. Hannes musste sich das Lachen verbeißen. Er sagte: „Ja, was haben Sie denn auf einmal? Wenn man nie friert und wenn einem nie was wehtut, das ist doch klasse!"

„Das verstehst du nicht", heulte das Gespenst. „Klar ist das prima, wenn man sich nicht in den Finger schneiden kann und im dicksten Winter keinen Schal braucht. Aber dafür kann man auch viele Dinge nicht, wenn man ein Gespenst ist: Man kann nicht Fahrrad fahren und keine Steine ins Wasser werfen, man kann nicht boxen und nicht Fußball spielen, und das Schlimmste: Man kann nicht essen und trinken! Und dabei hab ich doch immer so einen Riesenappetit!" Das Gespenst heulte noch lauter.

Das war wirklich fürchterlich, dachte Hannes. Keine Schokolade, keine Cola, keine Pommes frites. Das arme Gespenst! Er überlegte eine Zeit lang, dann hatte er einen Einfall.

„Hören Sie mal", sagte er. „Aber riechen können Sie doch, oder?"

„Klar kann ich das", schniefte das Gespenst. „Und wie gut!"

„Dann kommen Sie doch einfach mit zu mir nach Hause!",

schlug Hannes vor. „Ich mach mir das Abendessen warm. Und Sie können die Nase über den Topf halten und schnuppern. Das ist doch besser als nichts, oder?"
„Das würdest du wirklich für mich tun?", fragte das Gespenst und hörte sofort auf zu heulen.
„Ist doch Ehrensache", sagte Hannes.
Als sie zu Hause angekommen waren, gingen sie sofort in die Küche.
„Was gibt es denn?", fragte das Gespenst begierig.

Hannes schaute in den Topf. „Gulasch mit Nudeln", sagte er. „Köstlich!", schrie das Gespenst. „Ich liebe Gulasch!" Als der Dampf aus dem Topf stieg, flog es über den Herd und atmete tief ein. „Zwiebeln! Paprika! Wie das duftet!"

Danach wünschte sich das Gespenst ein Stück Käse, und Hannes hielt ihm einen alten Camembert unter die Nase. Zum Nachtisch roch das Gespenst an Apfelkompott mit Zimt.

„Na, zufrieden?", fragte Hannes schließlich.

„Ja, beinahe!", erwiderte das Gespenst.

„Was fehlt denn noch?"

„Kaffee und eine Zigarre wären wunderbar!", seufzte das Gespenst zufrieden, während es schnüffelnd über der Kompottschüssel schwebte.

„Kaffee ist kein Problem", sagte Hannes. „Aber eine Zigarre zünde ich mir nicht an. Dann wird mir nämlich schlecht."

Als das Gespenst seinen Kaffee gerochen hatte, bedankte es sich überschwänglich. „Das war wirklich reizend von dir", sagte es. „Dafür werde ich dir einen Wunsch erfüllen. Was wünschst du dir denn am sehnlichsten?"

„Einen Computer", sagte Hannes.

„Was ist denn das?", fragte das Gespenst.

„Das ist sehr schwierig zu erklären." Hannes überlegte. „Dann vielleicht ein neues Fahrrad?"

„Ein neues Fahrrad. Geht in Ordnung", sagte das Gespenst. „Aber jetzt muss ich gehen. Vielen Dank noch mal für das fantastische Essenriechen!" Damit schwebte es lautlos davon.

Von da an wartete Hannes jeden Tag darauf, dass das Gespenst sein Versprechen erfüllen würde.

Aber er wartete vergeblich. Denn die Versprechen von Gespenstern sind wie die Gespenster selbst: nur Nebel und Rauch.

Die sind schon komisch, die Jungs

Mit Jungen konnte Sandra überhaupt nichts anfangen. Die hatten immer bloß Blödsinn im Kopf und einen Riesenspaß daran, Mädchen zu ärgern.
Einer war schlimmer als der andere, und Sven, der Nachbarsjunge, war der schlimmste von allen.
Deshalb war Sandra überhaupt nicht erfreut, als er eines Nachmittags durch das kleine Türchen im Zaun zu ihr in den Garten kam. Sie saß auf dem Rasen und wollte nichts als ihre Ruhe haben. Sie las nämlich gerade ein ungeheuer spannendes Buch. Dabei möchte man nicht gestört werden, schon gar nicht von einem frechen Nachbarsjungen.
„Verzieh dich!", sagte sie deshalb, als er plötzlich neben ihr stand.
„Wi…wieso?", stotterte er. „I…ich wo…wollte bloß fragen, ob du Zeit hast. Wi…wir könnten ja zusammen was spielen."
„Keine Lust."
„Mensch, hab dich nicht so!"
Was bildete der sich eigentlich ein? Jetzt setzte er sich auch noch neben sie!
„Phh!", machte Sandra und las weiter. Die Geschichte war wirklich unheimlich spannend.

„Was liest'n du da?"
„'n Buch. Siehst du doch."
„Was steht denn da drin?"
Sandra wurde langsam sauer. Warum haute der nicht endlich ab?
„Was da drin steht? 'ne Geschichte. Ist doch logisch", keifte sie.
„Du bist vielleicht so was von doof", sagte Sven.
Jetzt reichte es Sandra. Neben ihr lag der Gartenschlauch. Wenn es richtig heiß war, so wie heute, dann brauchte man ihn dauernd. Deshalb war der Wasserhahn nicht zugedreht, sondern bloß der Verschluss vorne an der Spritze.
Sandra packte die Spritze, richtete sie auf Sven und drehte blitzschnell auf.

Ein scharfer Wasserstrahl schoss hervor. Bevor Sven überhaupt kapierte, was los war, war er schon über und über nass und machte ein Gesicht – einmalig dämlich.

Sandra schüttelte sich vor Lachen. „Hast du's jetzt endlich begriffen?", prustete sie und drehte das Wasser wieder ab. „Du sollst verduften!"
Sven stand auf und rieb sich die Tropfen aus dem Gesicht. „Du bist so was von gemein!", sagte er und trottete langsam davon.
Sandra schaute ihm hinterher und dachte, na, gerade nett war das nicht von mir! Aber selber schuld! Warum lässt er mich nicht in Ruhe! Sie vertiefte sich wieder in ihr Buch.
Als sie es ausgelesen hatte, ging sie ins Haus. In der Hitze war

sie durstig geworden. Sie war ganz allein, deshalb machte sie die Terrassentür fest hinter sich zu.

In der Küche trank sie ein Glas kalte Milch und überlegte, was sie jetzt machen sollte. Sie beschloss, zu Sven zu gehen. Ich sag ihm, dass es mir Leid tut, dachte sie. Wer weiß, was er sich sonst ausdenkt, um sich zu rächen.

Sie rannte aus dem Haus. Klack!, fiel die Tür hinter ihr ins Schloss. Unterwegs stellte sie sich vor, was er wohl sagen würde. „Ist schon in Ordnung, das bisschen Wasser macht mir doch nichts"?

Nein. Bestimmt nicht! Wahrscheinlich würde er brüllen: „Verschwinde, du dumme Gans, oder ich tauch dich in die Regentonne!"

So war er nun mal. Immer nahm er alles gleich übel. Vielleicht würde er ihr sogar eine Spinne ins T-Shirt stecken. Das hatte er schon mal gemacht.

Sandra schüttelte sich. Nein, es war keine gute Idee, zu Sven zu gehen. Sie machte kehrt und wollte ins Haus. Aber die Tür war zu! Macht nichts, dachte sie. Ich geh durch die Terrassentür. Aber die war auch zu!

Sandra bekam einen Riesenschreck. Mama hatte keinen Schlüssel dabei! „Du bist ja da, Sandra", hatte sie gesagt. „Da brauch ich keinen."

Wenn sie jetzt heimkam und nicht ins Haus konnte ... oje, oje, das würde fürchterlichen Ärger geben!

Sandra rüttelte mit aller Kraft an der Terrassentür, aber die rührte sich nicht. „So ein Mist!", schimpfte sie laut.

Da kicherte jemand hinter ihr. Natürlich Sven! Er stand am Zaun und grinste schadenfroh. „Typisch Mädchen!", sagte er.
„Lass mich bloß in Ruhe, du Blödmann", fauchte Sandra und haute wütend gegen die Tür.
„Soll ich dir helfen?", fragte Sven.
„Wie denn?", fragte Sandra hoffnungsvoll.
„Verrat ich nicht. Erst musst du mir sagen, was ich dafür kriege."
„Mmmh!" Sandra dachte nach. „Vielleicht ein Glas Limo oder ein Stück Schokolade?"
Sven schüttelte den Kopf. „Will ich nicht! Ich will was anderes!"
„Sag schon, was denn?"
„Ich will einen Kuss von dir haben!"
„Pfui Spinne!", rief Sandra. „Eher küss ich einen Regenwurm!"
„Na, dann nicht", sagte Sven und tat, als ob er weggehen wollte.
„Halt!", schrie Sandra. „Kriegst du die Tür wirklich auf? Ehrenwort?"
„Klar", sagte Sven. „Also, was ist? Krieg ich den Kuss?"
„Meinetwegen", knurrte Sandra.
Sven sprang über den Zaun. Er zerrte den Gartentisch unter das Küchenfenster, das aufgekippt war. Dann fasste er nach innen an den Griff. Das Fenster ging weit auf. Sven schwang sich über die Fensterbank nach drinnen. Gleich darauf öffnete er die Terrassentür.

„Schon erledigt", sagte er. „Und jetzt bist du dran."
„Also los, komm schon her", sagte Sandra. „Aber bild dir bloß nichts ein!"
Sie kniff ihre Augen ganz fest zu und legte ihre Lippen einen Moment auf Svens rechte Backe. Dann trat sie schnell zwei Schritte zurück. „So, das war's", sagte sie.

Aber was war denn mit Sven los? Der war ja plötzlich rot wie eine Mohnblume!
„Du, Sandra", sagte er, „das war echt 'n toller Kuss!"
Dann sauste er zum Zaun, sprang darüber und verschwand. Sandra schaute ihm hinterher. Die waren schon komisch, die Jungs. Aber manchmal auch ganz nett.

Der Owe-Nikohase

Herr Zuckermann hatte eine Fabrik. Keine Fabrik, in der man Schaufensterpuppen, Panzer, Plastikblumen oder sonstiges überflüssiges Zeug herstellte, nein, dort wurde etwas ganz Wunderbares gemacht, etwas, das aus Kakao, Milch und Zucker besteht. Erraten? Genau. Herr Zuckermann besaß eine Schokoladenfabrik.

Jeden Abend kamen riesige Lastwagen und holten Berge von Tafeln ab, die Herr Zuckermann mit seinen Gehilfen den Tag über gegossen hatte: schwarze Schokolade, weiße Schokolade, braune Schokolade, Schokolade mit Mandeln, mit Nüssen, mit Honig, mit Rosinen und mit Marzipan.

Weil die Schokolade besonders gut war, wurde sie in alle Welt verkauft. Herr Zuckermann und seine Schokoladenmacher schufteten wie die Wahnsinnigen, aber sie schafften es kaum, so viele Tafeln herzustellen, wie die Leute essen wollten. Manchmal blieb für Daniel, Herrn Zuckermanns Sohn, nicht mal mehr eine einzige Tafel übrig. Man stelle sich vor: keine einzige Tafel für den Sohn eines Schokoladenfabrikbesitzers! Jeden Abend kam Herr Zuckermann müde aus der Fabrik nach Hause. „Heute waren es wieder entsetzlich viele Tafeln", seufzte er dann, setzte sich vor den Fernseher und fing zehn Minuten später zu schnarchen an. So erschöpft war er.

Eines Morgens war er sogar richtig krank. Er lag im Bett, hatte Fieber, und alle Knochen taten ihm weh. „Es ist die viele Arbeit", stöhnte er. „Ich schaffe es einfach nicht mehr!"
Daniel und seine Mutter erschraken. Jetzt musste schleunigst etwas geschehen! Sie setzten sich an Herrn Zuckermanns Bett und beratschlagten.

„Du musst mehr Schokoladenmacher einstellen!", schlug Daniel vor.
Sein Vater schüttelte müde den Kopf. „Es gibt nicht viele, die wirklich gute Schokolade machen können", sagte er.
„Wie wäre es, wenn du moderne Maschinen kaufst, die dir die Arbeit abnehmen?", erkundigte sich die Mutter.
„Kommt nicht in Frage!", sagte Herr Zuckermann. „Erstklassige Schokolade muss von Hand gerührt und gegossen werden. Stell dir doch mal vor, deinen Schweinebraten würde eine Maschine machen!"

„Um Gottes willen", entsetzte sich seine Frau. „Das ist natürlich unmöglich!"
„Siehst du", meinte Herr Zuckermann traurig und lehnte sich in die Kissen zurück.
„Dann müssen wir die Fabrik eben verkaufen!", sagte Daniel.

„Bist du verrückt?" Vor lauter Empörung vergaß Herr Zuckermann seine schmerzenden Knochen. „Mein Ururgroßvater, mein Urgroßvater, mein Großvater und mein Vater, alle haben in dieser Fabrik Schokolade gemacht. Und ich soll sie verkaufen? Ausgeschlossen, völlig ausgeschlossen!"
Plötzlich hatte Daniel einen großartigen Einfall: „Was macht unser Eismann im Winter?", fragte er.
„Keine Ahnung", antwortete Herr Zuckermann und schaute wie einer, der überhaupt nichts versteht.

„Ich sag's dir", erklärte Daniel triumphierend. „Nichts, gar nichts. Weil im Winter nämlich niemand Eis essen will. Und genauso machst du es jetzt auch."

„Aber ich bin doch kein Eismann, ich bin Schokoladenmacher", jammerte Herr Zuckermann.

„Jetzt hör mir doch erst mal zu", sagte Daniel. „Du machst einfach keine Schokoladentafeln mehr, sondern bloß noch Schokoladennikoläuse und Schokoladenosterhasen. Dann brauchst du nur noch vor Weihnachten und vor Ostern zu arbeiten. Und den ganzen Sommer hast du frei und kannst dich ausruhen."

„Das ist die Idee!", schrie Herr Zuckermann und fühlte sich gleich wieder so viel besser, dass er aus dem Bett sprang. „Den ganzen Sommer frei! Das ist fantastisch!"

Ab sofort wurden in der Schokoladenfabrik von Daniels Vater nur noch Nikoläuse und Osterhasen hergestellt.

Ein paar Wochen vor dem sechsten Dezember und ein paar Wochen vor Ostern schufteten Herr Zuckermann und seine Schokoladenmacher wie die Wahnsinnigen, den Rest des Jahres ruhten sie sich aus.

Aber als das erste Jahr vorüber war, kam Herr Zuckermann ganz verzweifelt nach Hause. „Es funktioniert nicht", sagte er traurig. „Wir haben viel zu viele Nikoläuse und Osterhasen gemacht. Die ganze Fabrik ist voll gestopft mit ihnen. Nach Weihnachten will niemand mehr einen Schokoladennikolaus kaufen und nach Ostern kein Mensch mehr einen Schokoladenosterhasen. Es ist schrecklich!"

Daniel überlegte fieberhaft. Wenn er seinem Vater nur helfen könnte!

„Oh weh, oh weh, oh weh!", jammerte Herr Zuckermann.

„Das ist es!", schrie Daniel. „O und We! O wie Ostern und We wie Weihnachten!" Er holte sich ein Blatt und begann zu zeichnen: einen Mann mit langen Hasenschlappohren und einem weißen Bart, mit zwei schwarzen Stiefeln und zwei Hasenpfötchen, mit einer schwarzen Rute und einem Körbchen voller bunter Eier.

„Darf ich vorstellen?", sagte er dann stolz. „Das ist Daniels Owe-Nikohase. O wie Ostern, We wie Weihnachten, Niko wie Nikolaus und hase wie Osterhase. Den können die Leute zu Ostern und zu Weihnachten kaufen. Davon bleibt bestimmt nicht ein Einziger übrig."

„Du bist ja verrückt!", sagte sein Vater, aber weil er keinen anderen Ausweg wusste, gab er schließlich nach, und bald darauf war Zuckermanns Schokoladenfabrik die einzige Schokoladenfabrik auf der Welt, in der Owe-Nikohasen hergestellt wurden.

Und wie es manchmal so ist: Die verrücktesten Sachen gehen am besten. Die Leute kauften Zuckermanns Owe-Nikohasen nicht nur vor Weihnachten und zu Ostern, sie kauften sie das ganze Jahr. Sie konnten überhaupt nicht genug davon kriegen. Bald schufteten Herr Zuckermann und seine Schokoladenmacher wieder wie die Wahnsinnigen, aber sie schafften es kaum, so viele Owe-Nikohasen herzustellen, wie die Leute kaufen wollten.

Manchmal blieb nicht ein Einziger für Daniel übrig. Man stelle sich vor: kein Einziger für den Erfinder des Owe-Nikohasen! Herr Zuckermann kam wieder jeden Abend müde nach Hause und schnarchte nur noch vor dem Fernseher.

„Es ist ja fast noch schlimmer als früher mit den Tafeln", seufzte er manchmal.

„Halt nur noch ein paar Jahre durch", tröstete ihn Daniel dann, „bis ich alt genug bin, um dir zu helfen."

Als es so weit war, hieß die Schokoladenfabrik „Zuckermann und Sohn", und es wurden mehr Owe-Nikohasen hergestellt als jemals zuvor.

Denn von richtig verrückten Sachen können die Leute nie genug kriegen.

Christa Kempter · Michael Bayer
Meine allerschönsten Mutmachgeschichten

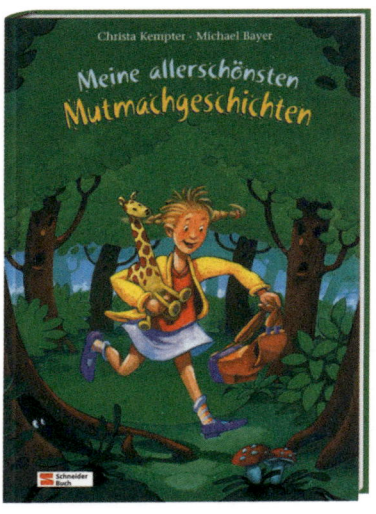

Immer wenn Judith in den Keller gehen muss, bekommt sie das große Kniezittern. Der Besen und die anderen Kellerbewohner wollen ihr helfen und schmieden einen ungewöhnlichen Plan ...

Emma ist sich sicher, dass unter ihrem Bett ein Monster lauert. Da hat sie plötzlich eine Idee: Vielleicht kann sie das Monster mit einem Stück Schokokuchen in die Falle locken ...

Justus fürchtet sich vorm Sportunterricht, weil er nie die Kletterstange hinaufkommt. Ob er es schließlich doch noch schafft, seine Angst zu überwinden?

80 Seiten, mit vielen farbigen Illustrationen.

Schneider Buch

www.schneiderbuch.de

Henriette Wich · Susanne Wechdorn

Meine allerschönsten Freundschaftsgeschichten

Mit seinen Freunden kann man was erleben! Paul ist sauer, weil sein bester Freund Gerd ihn auf einmal links liegen lässt. Was ist nur los mit Gerd?

Die Gespenster Tonne und Salto fürchten sich selbst beim Spuken – bis sie einen neuen Gespenstertrick erfinden. Jetzt jagen sie endlich auch anderen Leuten Angst ein.

In Nicks Kinderzimmer landet plötzlich ein Raumschiff mit einem Außerirdischen. Ob Nick und Xeno Freunde werden?

80 Seiten, mit vielen farbigen Illustrationen.

Schneider Buch
www.schneiderbuch.de